ANCIENT CITIES

环球旅行

世界古城之旅

[英] 塔兰涅·卡加尔·杰尔文 著　　[巴西] 尼克·内维斯　[巴西] 妮娜·卡马戈 绘　李丹阳 译

浙江文艺出版社
Zhejiang Literature & Art Publishing House

Copyright © Weldon Owen International, LP

本作品简体中文专有出版权经由 Ca-Link International LLC 独家授权

版权合同登记号：图字：11-2022-304 号

图书在版编目（CIP）数据

环球旅行：世界古城之旅 /（英）塔兰涅·卡加尔·杰尔文著；（巴西）尼克·内维斯，（巴西）妮娜·卡马戈绘；李丹阳译 . —杭州：浙江文艺出版社，2023.9

ISBN 978-7-5339-7113-7

Ⅰ.①环… Ⅱ.①塔…②尼…③妮…④李… Ⅲ.①古城—介绍—世界 Ⅳ.① K915

中国国家版本馆 CIP 数据核字（2023）第 127742 号

责任编辑　周琼华　童潇骁

责任印制　吴春娟

封面设计　吴　瑕

营销编辑　周　鑫

数字编辑　姜梦冉　诸婧琦

环球旅行：世界古城之旅

［英］塔兰涅·卡加尔·杰尔文 著

［巴西］尼克·内维斯　　［巴西］妮娜·卡马戈 绘

李丹阳 译

出版发行　浙江文艺出版社

地　　址　杭州市体育场路 347 号

邮　　编　310006

电　　话　0571-85176953（总编办）

　　　　　0571-85152727（市场部）

制　　版　杭州天一图文制作有限公司

印　　刷　浙江省邮电印刷股份有限公司

开　　本　889 毫米 ×1194 毫米　1/8

印　　张　8

插　　页　4

版　　次　2023 年 9 月第 1 版

印　　次　2023 年 9 月第 1 次印刷

书　　号　ISBN 978-7-5339-7113-7

定　　价　98.00 元

ANCIENT CITIES

目录

书中的红箭头表示，这些景点并不在该页的地图上，它们可能距离城市中心还有一段距离。

古代城市

城市几乎是和文明同时诞生的，许多城市一开始是小型的农耕或者贸易聚落，随着数百、数千以至数十万人定居其中，城市变得越来越大，也越来越壮观。

世界上的城市随着帝国的兴衰而变化，或是沦为了废墟。一些城市甚至永远地消失了。

在这本书里，你可以穿越回几千年前，探索世界上那些最不可思议的古城。攀登神奇的阿兹特克金字塔神庙；和古埃及的狮身人面像打招呼；在传说中的古巴比伦空中花园里，抓着藤蔓荡来荡去；驶过建在珊瑚礁岛屿上的海洋之城南马都尔；或者在罗马斗兽场的中心像角斗士一样朝你的追捧者翰

躬致谢。

此外，你还可以透过巨大的石墙，窥探神奇的大津巴布韦古堡；前往神秘的阿克苏姆王国中心，寻找历史上最著名的遗失宝藏——约柜[1]；发现古老的文明、隐秘的宝藏、失落的文化、雄伟的纪念碑……

这本书充满有趣的真相、令人兴奋的考古发现和奇诡的传说，将揭开历史上那些最伟大的文明的神秘面纱。你还在等什么呢？一起去探索不可思议的帝国和失落的城市吧！

鹿野苑

孔雀王朝的阿育王在鹿野苑内佛陀第一次传法的位置建造了这座佛塔，它高约43米，已有2500年历史。

金庙

这座寺庙供奉的是湿婆神，是瓦拉纳西最华丽的寺庙，给它的圆顶和两座塔镀金足足用掉了约798公斤的黄金，比8头小象加在一起还要重。

神话中的起源

印度教徒认为瓦拉纳西是由毁灭之神湿婆建造的。

新湿婆神庙

这座供奉湿婆神的印度教寺庙之所以引人注目，是因为它有一座约77米高的大理石塔，这是世界上现存最高的庙塔。

杜尔迦庙

这座印度教神庙是17世纪时为骑虎的女战神杜尔迦而建的，寺庙周围常有猴群出没。

楚纳尔堡

维克拉玛蒂亚王于公元前56年在恒河河岸的岩石峭壁上建造了这座巨大的堡垒。从莫卧儿帝国到英属印度，它曾被许多人占领过。

罗摩王神庙

墙上的壁画讲述着印度教英雄罗摩的故事，戈斯瓦弥·杜勒西达斯在这里写下史诗《罗摩衍那》。

达萨斯瓦梅朵河坛

这是瓦拉纳西通往恒河最繁忙的一个河坛，有很多小吃摊、卖花人、游船，还有恒河火舞仪式。

玛尼卡尼卡河坛

河坛是那些通往圣河的宽阔石阶。这个河坛是印度教徒火葬逝者的地方。

阿拉姆吉尔清真寺

当穆斯林[2]征服瓦拉纳西的时候，莫卧儿皇帝奥朗则布在一座印度教寺庙的原址上建造了这座小清真寺。

वाराणसी

瓦拉纳西

作为世界上最古老的始终有人居住的城市，人们已经在这里生活了4000年。瓦拉纳西，这座色彩斑斓、充满活力的城市坐落在被印度教和佛教都视为圣河的恒河河畔，每年1月都有100多万印度教徒来这里朝圣，在恒河中沐浴。附近的鹿野苑，是佛教创立者乔达摩·悉达多第一次讲授教义的地方。除了以宗教中心闻名，瓦拉纳西同样出名的还有当地的艺术品和手工产品，包括五颜六色的丝织品和地毯。

游河

神圣的恒河上行驶着许多木船，在日出和日落时分，人们会聚集在一起祈祷，把蜡烛装进有金盏花的杯子里，放到河面上漂流。

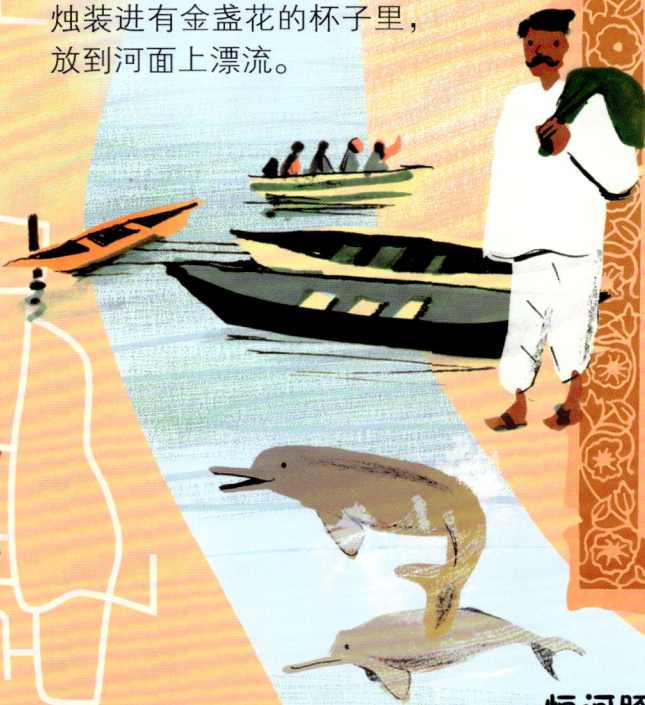

恒河豚

这种聪明的淡水豚不幸地濒临灭绝，但你偶尔还是可以看到一条欢快地从恒河中跃出。

拉姆讷格尔堡

这座巨大的、摇摇欲坠的砂岩古堡里曾经居住着瓦拉纳西伟大的国王。他还骑着大象！

圣彼得大教堂

第一位信仰基督教的皇帝——君士坦丁大帝——在圣彼得的墓地上建造了一座教堂。它就是现在举世闻名的梵蒂冈圣彼得大教堂。

圣天使堡

这座位于台伯河畔的有着锯齿状城垛的城堡，实际上是为罗马皇帝哈德良设计的坟墓。

服装

罗马人把白色的羊毛织物裹在身上，做成"托加"（长袍）。贵族还会再加上紫色染料或条纹。

角斗士

这些职业斗士对罗马人来说就像超级勇士，他们在巨大的斗兽场上进行激烈的生死搏斗。

银塔广场

尤利乌斯·恺撒在这里被他的对手谋杀。公元前49年，恺撒夺取了罗马共和国的控制权，实行独裁统治。

罗马

你能想象一座城市能如此强大，以至于控制了从英格兰到埃及的广袤土地吗？这就是公元117年鼎盛时期的古罗马。传说中，孤儿双胞胎兄弟罗慕路斯和雷慕斯被狼养大，后来一起建立了一座城市，但却反目成仇。罗慕路斯杀死了雷慕斯，并以自己的名字将这座城市命名为"罗马"。到公元前27年，罗马已经征服了整个地中海地区。罗马人通过征服、贸易和农耕致富，为他们的神灵建造了庙宇。他们拥有在那个时代不可思议的先进技术，甚至发明了中央供暖系统。

圣海伦娜陵墓

君士坦丁大帝将这座建筑送给他的母亲，作为她的墓地。她的遗骨被放在一具红色的石棺里。

罗马的创始人

狼是罗马的象征。传说是一头母狼哺育了双胞胎兄弟罗慕路斯和雷慕斯，他们长大后建立了罗马这座城市。

ROMA

万神庙

在哈德良皇帝的要求下，这座神庙设计了一个直径约43米的巨大圆顶，中间有一个直径约9米的"眼睛"，光透过这里照亮它的内部。

图拉真纪功柱

这根高约34米的柱子是为了庆祝图拉真皇帝战胜达契亚人而建的。里面有一个秘密的楼梯！

交通

战车是由马牵引的两轮马车，跑起来非常快。在马克西姆斯竞技场观看战车比赛，是一件让罗马人很兴奋的事。

古罗马广场

人们经常在城市中心的广场上聚集：聆听演讲，在集市购物，在神庙礼拜，和朋友聚会。

奥克塔维娅门廊

这条长方形的有顶门廊排列着300根柱子，并设有供奉罗马天神朱庇特和天后朱诺的神殿。

斗兽场

这座圆形的竞技场，可以容纳5万名罗马人同时观看角斗士和猛兽之间血腥的生死搏斗。

奥古斯都宫

它在帕拉蒂尼山的图密善宫内，是一座皇帝的私人住宅，里面有一个超大的水池和五颜六色的大理石装饰。

提图斯凯旋门

这座约15米高的白色大理石拱门是古罗马广场的入口，这座广场是一处供演讲、做买卖、参观神庙和闲逛的大型集会场所。

香料集市

集市上的香料堆成了五颜六色的小山。常见的香料包括红色的干辣椒、金色的孜然、黑色的小茴香和薄荷。

柯拉教堂

这座拜占庭式教堂从外面看不会让你惊叹，但是它的内部到处都是有着700多年历史的闪闪发光的黄金马赛克镶嵌画。

安纳托利亚地毯

自公元前7000年以来，土耳其的妇女们就开始手工编织羊毛和丝质地毯，上面织有描绘她们家乡的图案。

蛇柱

这根带有三个蛇头的青铜柱，是为了庆祝希腊人击败波斯人而建的。君士坦丁大帝把它从德尔斐[3]搬到了伊斯坦布尔。

苏莱曼清真寺

它是伊斯坦布尔第二大清真寺，也是最美丽的清真寺。它坐落在山丘上，外面是明亮的瓷砖，内部则以黄金和珍珠装饰细节。

圣索菲亚大教堂

它一开始是一座教堂，后来改成了清真寺，宏伟、美丽和绝妙的建造技艺，让它成为世界上最伟大的建筑之一。

蓝色清真寺[4]

如果30多个圆顶和6个尖塔（塔楼）还不够震撼，那么这座清真寺还有超过2万块带有蓝色郁金香图案的手绘瓷砖。

君士坦丁堡城墙

狄奥多西二世在伊斯坦布尔周围建造了高耸的城墙作为防御工事，黄金城门是最华丽的入口，用来接待尊贵的客人们。

巴拉玛琴

说起土耳其民间音乐和舞蹈，他们最喜欢的乐器就是有着大大的肚子和七根弦的巴拉玛琴。

加拉达塔

你几乎可以从这座城市的任何地方看到这座塔，它约有67米高，主宰着伊斯坦布尔的天际线。

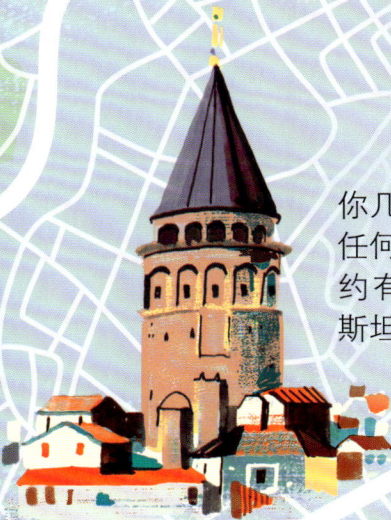

托普卡帕宫

1478—1856年间，奥斯曼帝国的苏丹们（统治者）都住在托普卡帕宫。这座庞大的宫殿可以容纳4000人居住。

布科利奥宫

这座拜占庭时代的宫殿，位于马尔马拉海，500年来一直都是帝王们的居所，后来还存放着皇家宝物。

ISTANBUL

伊斯坦布尔

伊斯坦布尔夹在亚洲与欧洲之间，特殊的地理位置让这座城市在历史上扮演了一个特殊的角色。有时，这座城市就像一座神奇的桥梁，联结不同的文化；有时，它又是各种文明之间交流的障碍。公元330年，它还被称为拜占庭时，君士坦丁大帝将罗马帝国的首都迁到了这里，将它更名为君士坦丁堡，并建造了宏伟的教堂来炫耀他的财富。1453年，奥斯曼人征服了伊斯坦布尔，并占有了这座城市长达600年。在此期间，苏丹们在伊斯坦布尔建造了宏伟的宫殿和清真寺。由于经历过很多不同群体的统治，它成为一座多元化和令人激动的城市。如今，它是土耳其的首都。

少女塔

这座奇怪的塔楼位于博斯普鲁斯海峡中间，传说曾经有一位公主住在这里。它是这座被海水环绕的城市的完美标志。

洛阳

佛教

佛教徒祈祷时经常对着释迦牟尼佛的塑像，他是努力追求涅槃[7]的象征。

洛阳

洛阳，一座富裕辉煌的城市，曾经是中国九个王朝[5]的都城，中国第一座佛教寺庙也在这里。"阳"代表着阳光，这座城市因为坐落在洛河朝着阳光的那一面[6]而得名。公元前770年，洛阳成为周朝的都城；公元25年，洛阳又被汉光武帝设立为东汉的都城。洛阳不仅是中国佛教的发源地，也是东汉丝绸之路的起点。丝绸之路是古代连接亚洲和欧洲的贸易通道，通过它，丝绸向西传入欧洲，羊毛、黄金和白银向东流入中国。

大运河

大量的粮食在这里中转，运向全国，洛阳因此成为国家粮仓，逐渐变得富裕起来。

白园

这座宁静的园林位于琵琶峰上，是为纪念唐代诗人白居易（772—846）而建的。

齐云塔

这座塔大约有25米高，有13层，像一个很大、有很多层的蛋糕。齐云塔始建于东汉，是洛阳一带地面上现存最早的古建筑。

洛阳博物馆

这个博物馆的地下保存了一辆周朝天子的战车，还有陪葬的六匹马的骸骨。

丽景门

丽景门是为了重现当年洛阳古都的风貌而修建的，现在的它是老城区的主入口。

洛阳鼓楼

鼓楼坐落在老城区的中心，过去在楼中放一个鼓，每天早晚都会敲击。

白马寺

中国的第一座佛寺。两个汉朝人在丝绸之路上向僧人学习后，骑着白马、带着佛教的教义回到了洛阳，白马寺就是为了纪念这两个人而建的。

关林庙

关林庙是埋葬勇将关羽头颅的地方，这位将军因为他的强大和忠勇，在全中国备受尊敬。

洛阳古墓博物馆

20座古墓展示了1000多年来奇特的墓葬传统。

少林寺

少林寺在全世界都很出名，因为少林功夫和佛教禅宗联系在一起。这里的僧人有着让人惊叹的武艺！

龙门石窟

想象一下，石灰岩的崖壁上刻着10万多尊佛像，多么壮观！石窟南北长达1公里，历经10多个朝代陆续营造长达1400余年，是世界上营造时间最长的石窟。

告成观星台

中国古代学者认为这个观星台是世界的中心，他们利用它观测太阳的位置变化，来创造历法。

美洲原住民

当欧洲人第一次来到北美洲时，那里生活着1000多万原住民。许多人过着游牧生活，随成群的野牛迁徙，用它们做食物、帐篷等等。古普韦布洛人原本是农民，一次旱灾断绝了他们的食物来源，他们被迫离开了位于梅萨维德的悬崖屋，踏上迁徙之路。

流浪文明

有些古代文明没有建纪念碑或首都，因为他们过着游牧的生活，也就是不停地从一个地方搬到另一个地方。有时他们是为了食物而迁徙：他们需要更优质的土地来耕种和狩猎。人类也喜欢探险。例如，维京人游牧的动机就是想探索外面的世界。这些文明与那些建造伟大纪念碑的文明一样令人着迷。

维京人

维京人来自今天挪威、瑞典和丹麦所构成的这一地区。他们并非一个统一的民族，但都会乘坐维京长船参加海上探险。尽管他们被称为"海盗"，但他们航行其实是为了寻找新的土地来耕种、进行贸易……当然有时也是为了抢劫。

蒙古帝国

公元1206年，成吉思汗统治下的蒙古帝国，疆域辽阔，从亚洲延伸到欧洲，面积超过3000万平方公里；人口估约超过1亿。可汗定都哈拉和林，它也成为草原丝绸之路上最重要的一站，但是哈拉和林的成吉思汗时代的东西没有一样留存下来了。

贝都因人

贝都因人是中东地区一个讲阿拉伯语的游牧民族。每个季节，他们都会赶着成群的骆驼、绵羊或山羊在沙漠和土壤肥沃的地区之间迁徙，寻找适合放牧的地方。他们的社会形态是以父权制（由年长的男性掌权）和部落制构成的。

澳大利亚原住民

在欧洲人到来之前，原住民已经在澳大利亚居住了4万年，但他们并没有建造城市，相反，他们以部落的形式散布在广袤的土地上狩猎和采集食物。他们有500多个族群，讲200多种语言。澳大利亚原住民在仪式期间聚集在一起分享部落精神，将人类与生育和土地紧密地联系在一起。

波利尼西亚水手

3000年前，波利尼西亚的水手们就发现了散落在太平洋上的岛屿，并定居在那里——这是人类最杰出的成就之一。他们乘坐双体独木舟探索了1000多个岛屿。由于缺乏导航工具，水手们依靠口述历史、星星、洋流和风来确定方向。水手们带着甘蔗和香蕉等农作物，并把它们种在了新发现的岛屿上。

罗姆人

罗姆人部落散布在欧洲和美洲，有很多关于他们的传说。语言学者认为他们源自印度并向西迁移。他们目前是一个"无国籍民族"，没有归属的国家。罗姆人在大篷车和音乐中游历，他们重视家庭、注重清洁，并通过故事和音乐来传承他们的传统。

查普尔特佩克水渠

阿兹特克的工程师们建造了水渠，将饮用水从查普尔特佩克的水泉引到城市。这些水渠很宽，独木舟都可以通过。

奥拉玛球

奥拉玛球赛非常讲究技巧。球员们穿着衬垫，只能用臀部、膝盖和肘部来击球。手或脚都不能用！

特拉齐利球场

阿兹特克贵族在"工"字形的球场上进行激烈的奥拉玛球赛。两支球队相互对抗，争着将一个硬橡胶球射过石环。

蒙特祖玛宫

最后一位阿兹特克统治者——蒙特祖玛二世——有一座庞大的宫殿，大到他在里面还建造了一个动物园。他把他的政府也设立在了这里，里面还有100多个浴缸！

特拉特洛尔科市场

每天有5万人来这里交易食物、牲畜、宝石、陶器等等，他们用可可豆作为货币。

托纳季乌太阳神庙

阿兹特克人相信，太阳神托纳季乌需要吃人类的心脏，才能拥有主宰天空和对抗黑夜的力量。

服装

尊贵的战士、祭司和贵族为了彰显地位，都戴着五颜六色的羽毛头饰，这些头饰由热带雨林中的一种叫作凤尾绿咬鹃的鸟的羽毛制成。

鹰殿

鹰殿建于公元1430年，是一个神圣的地方，最勇猛的战士——雄鹰战士——在这里祈祷，并用鲜血祭祀神灵。

TENOCHTITLAN

阿哈亚卡特尔宫

1519年，西班牙军队击败了蒙特祖玛二世的军队，进驻这座由统治者阿哈亚卡特尔建造的宫殿，把它作为西班牙军队的司令部。

大神庙

这座城市最大的金字塔供奉着战神威齐洛波契特里和农神特拉洛克。阿兹特克人相信活人献祭可以取悦他们的神灵。

特诺奇蒂特兰

传说700年前，阿兹特克人发现了一个有湖的山谷，并看到一只雄鹰栖息在仙人掌上，吞食着一条蛇。他们把这看作是一种天启，在这里建造了一座气势恢宏的城市，并为他们的神灵建造了金字塔形的神庙。由于它是一座水上城市，居民们都是乘船在运河上通行。阿兹特克人种植玉米、豆子和南瓜。他们也是令人畏惧的战士，通过征服周边的领土来积敛财富。特诺奇蒂特兰是美洲最大的古城，也是阿兹特克帝国的首都，直到公元1521年被西班牙人摧毁。

魁札尔科亚特尔神庙

魁札尔科亚特尔——羽蛇神，是知识之神。他的神庙有一个很大的庭院，足以同时容纳所有阿兹特克人。

泰兹卡特里波卡神庙

神秘的泰兹卡特里波卡是夜空之神。代表他的灵兽是美洲虎，因为它的斑点很像星星。

奇南帕

因为城市位于湖中央，所以阿兹特克人发明了像小岛一样浮于水面的农田，来种植南瓜和玉米等农作物。

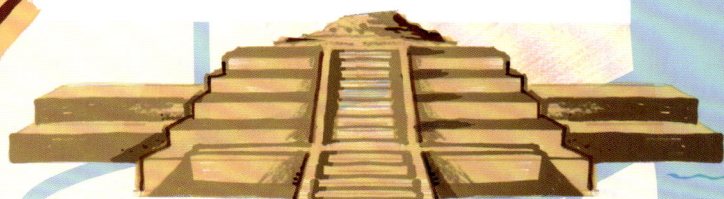

القاهرة

巴比伦堡

传说这座堡垒是巴比伦国王尼布甲尼撒在占领埃及后建造的，它位于尼罗河与红海的交汇处。

开罗

埃及人称开罗为 Umm Ad Dunya，意为"世界之母"，因为许多文明从这里诞生。5000年前，附近的城市孟菲斯是古埃及的首都，法老们为自己和家人建造了金字塔作为坟墓。在法老之后，开罗被罗马人占领，之后又被法蒂玛王朝的哈里发[8]占领，开罗的现代阿拉伯语名字"Al-Qāhirah"，即"胜利者"，就是后者给起的。到公元1340年，在马穆鲁克[9]统治下，开罗成为非洲、欧洲和小亚细亚地区最大的城市。现在，开罗有1112.8万居民。现代的摩天大楼和古老的清真寺尖塔、金字塔塔尖共同构成了城市的天际线。

悬空教堂

这座科普特[10]基督教堂建在老城区的罗马旧城门上，是埃及最古老的教堂之一。

吉萨金字塔群

4万名工人用200多万块石块建造了大金字塔——胡夫金字塔。这是法老的陵墓，也是古代世界的奇迹。

阿慕尔·本·阿绥大清真寺

传说有一只鸽子在阿慕尔·本·阿绥将军的帐篷上下了一个蛋，将军在那里建造了埃及第一座清真寺。

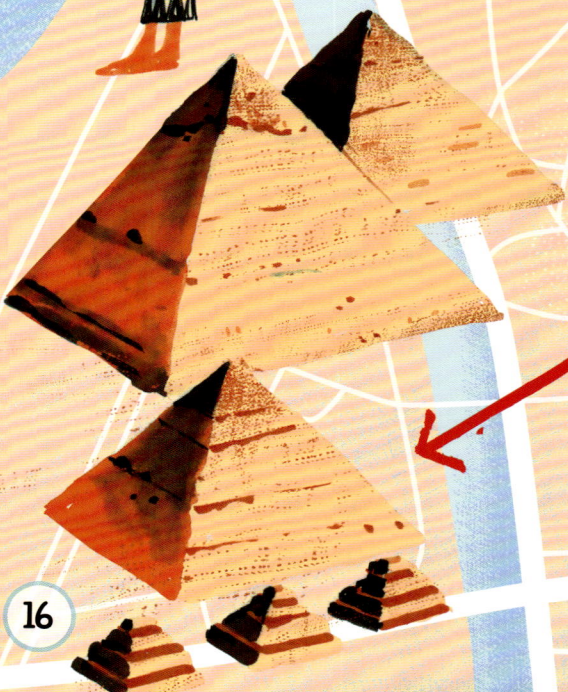

穆兹街

在这条繁忙而狭窄的街道上，开着香料店、食品店、纺织品店和古董店。这里还是世界上拥有最多中世纪伊斯兰建筑的地方！

苏海米旧宅

一个富有的埃及家庭曾经住在这座宅邸里。美丽的马什拉比亚（木格屏）将男女隔开。房间建在院子周围，以保持室内的凉爽。

开罗城门

开罗城门最初的建造目的是防御，但它们也起到了区分社会阶层的作用，不同阶层只能从相应的城门下通行。

阿卜丁宫

阿卜丁宫是世界上最奢靡的宫殿之一，它也是埃及总统办公室所在地。下面几层有军事和皇家博物馆。

开罗城堡

这座堡垒是为了抵抗十字军[11]入侵而建的，里面有清真寺和宫殿，700年来，一直作为埃及统治者的居所，这里也是一个观赏金字塔的绝佳位置。

大狮身人面像

斯芬克斯在阿拉伯语中被称为Abu Al Hol（恐怖之父），它有狮子的身躯和一张男人的脸，传说这张脸长得像哈夫拉法老。

安奎沙克清真寺

因其内部铺满特殊的蓝色瓷砖而被称为"蓝色清真寺"。这些瓷砖上手绘着郁金香和柏树的图案。

石榴花

石榴花在阿契美尼德人所信仰的琐罗亚斯德教的宗教仪式中必不可少。多汁、鲜红的石榴果在伊朗已经有几千年的种植历史。

阿尔塔薛西斯一世宫

关于这座宫殿的许多事都还是谜，因为它留下的东西太少了。宫殿露台上的"角"和入口处的斯芬克斯雕像（比宫殿其他部分晚建造100年）的存在意义，考古学家们至今还在争论。

大流士宫

遗憾的是，大流士大帝没能看到他宏伟的冬宫落成，因为他在宫殿竣工前六年就去世了。

阿帕达纳宫

国王在这座宏伟的大殿里接见来访者，那里原本排列着72根石柱，现在只有13根柱子仍屹立不倒。

哈迪什宫

学者们认为，亚历山大大帝在袭击这座城市时瞄准了薛西斯国王的宫殿，并将其烧毁，是因为薛西斯曾烧毁雅典卫城。

百柱厅

它的规模仅次于阿帕达纳宫，国王在这座正殿中举行皇家宴会，并炫耀宝库中的战利品。

柏树

在琐罗亚斯德教中，常青的柏树象征着不朽。和石榴花一样，在波斯波利斯的很多雕刻上都能看到它。

三门厅

国王的议事厅将阿帕达纳宫与百柱厅连接起来。它装饰着据说可以驱邪的人首公牛像。

战车屋

伊朗的马文化已有5000多年的历史。阿契美尼德人喜欢里海马，经常用它们来拉战车。

پرسپولیس

万国门

大流士的继任者薛西斯建造了这座入口大门，它高耸得令人惊叹！它由拉玛苏守卫，并刻有三种语言的铭文。

万国阶梯

一道111级的楼梯通向宏伟的万国门。每级楼梯都不高，当国王往下走的时候，他的长袍看起来就好像在向下流淌，马匹也可以走上去。

不死军团

波斯波利斯的石雕展示了勇猛的不死军团——一个由1万名步兵组成的精锐军团，他们身穿鳞甲大衣，手持长矛和剑。

未完工的大门

大流士三世没能完成这座建筑，因为马其顿国王亚历山大大帝在公元前330年占领了波斯波利斯。

波斯波利斯

第一个有记载的古代帝国是阿契美尼德帝国，它吞并了土耳其和埃及，横跨西亚、印度北部和中亚。大流士大帝在波斯帝国修建了波斯波利斯，并邀请帝国各地的建筑师来设计建筑，最终融合了令人惊叹的多元风格。阿契美尼德人以公平对待所有公民和巨大的财富而闻名。公元前330年，希腊勇士亚历山大大帝征服了波斯波利斯，历史学家声称他动用了2万头骡子和5000头骆驼才运走这些财宝。

阿尔塔薛西斯二世之墓

这座以大流士大帝的坟墓为蓝本的岩石坟墓上面雕刻着一副国王被他的臣民抬着的壁画。

拉玛苏

当你把一个人的头放在一头公牛的身上时，会得到什么？（会得到）神话中的保护者拉玛苏，它们经常出现在阿契美尼德人的城门上。

Пловдив

希萨里亚

传说中，这座位于普罗夫迪夫以北约40公里的小城镇的山泉里流淌着可以治愈病痛的泉水。这里是保加利亚阳光最充足的地方。

斯拉夫军团

在黑暗时代，斯拉夫人征服了普罗夫迪夫。战士们手持盾牌、长矛、斧头、吊索和弓箭，以迅捷的伏击令人生畏。

东门

当哈德良皇帝在前往君士坦丁堡的路上经过普罗夫迪夫时，罗马人为他建造了一道大理石拱门。

主教大教堂

当拜占庭人建造这座教堂时，它的规模让人们目瞪口呆！它是保加利亚最大的早期基督教教堂。

罗马广场

这座广场位于最繁忙的道路交叉口，是罗马人生活的核心，人们在这里举行会议、开展集市和节日活动。

普罗夫迪夫

普罗夫迪夫是欧洲历史上不断被占领的城市中最古老的一座，它拥有跨越8000多年的动荡历史！公元前7000年，色雷斯人在马里查河旁边的七座山上建立了最初的城市。它曾被希腊人、罗马人、拜占庭人和奥斯曼人占领。从购物中心下方的罗马体育场到拥有600年历史的奥斯曼朱玛亚清真寺，你可以在街道上看到数千年的历史。

菲利波波利古剧场

罗马人在广场上建造了这个有300个座位的剧院，用于议会会议和戏剧表演。它有一个马蹄形的座位区。

内贝特佩（守卫者山丘）

在公元前5000年，这是色雷斯人的一个山顶定居点。希腊人和罗马人用这座山丘来守护卫城。

剧院

一场灾难性的山体滑坡让普罗夫迪夫市中心的一座罗马剧院重见天日。它可以容纳6000名观众。今天，它被用来举行音乐会。

希萨卡皮亚城门

这座卫城城墙中的华丽拱门坐落在一座古罗马城门的废墟上。它夹在色彩缤纷的18世纪房屋之间。

菲利波波利古体育场

在普罗夫迪夫的主街购物中心下面有一个可以容纳3万人的罗马体育场。罗马人在哈德良皇帝统治时期建造了它。

罗马演员

罗马人喜欢随着现场表演一起欢笑或哭泣。然而演员在社会中的地位通常很低。

艾琳宅邸

一个富有的罗马人建造了一座巨大的房子，面积相当于一个城市街区。设计精美，有约48.77平方米的马赛克镶嵌画和一个漂亮的院子。

马匹

本土的保加利亚马在平原上奔驰了几千年。虽然现在被驯化用于农场工作，但它们主要是用作有趣的越野骑行。

巴奇科伏修道院

拜占庭人建造了这座拥有1000年历史的修道院，它以闪闪发光的金色耶稣壁画和据说可以创造奇迹的圣像而闻名。

引水渠

罗马人建造了引水渠，将水从山上引到城市。兴建如此昂贵的公共项目，足以证明普罗夫迪夫在帝国中举足轻重的地位。

奥林匹亚的宙斯雕像

公元前430年前后，希腊人打造了这座约12米高的希腊众神之王宙斯的黄金象牙雕像。它在公元5世纪被毁坏，我们只能从钱币上的图像了解它的样子。

罗得岛巨像

根据民间传说，这座高约32米的太阳神赫利俄斯的青铜雕像横跨在罗得岛的港口上。从技术上讲，它的腿不可能伸得那么长，所以它很可能从公元前282年起就伫立在海滨，直到公元前226年被一场地震掀翻。许多旅行者的故事中都曾出现过它。

世界七大奇迹

人类的创造力令人惊叹。早在计算机或机器出现之前，世界各地的文明就已经建造出非凡的建筑，展示了高超的工程技能。大约1500年前，包括古希腊人在内的观察家们就给世界上最令人惊奇和最让人难以置信的景观列出了名录。虽然这些名录略有不同，但有七大奇迹始终脱颖而出。如今，名录上的建筑只剩大金字塔仍然存世。后世的人们对那些让人啧啧称奇的自然和人造景观所做的许多其他盘点，正是受到这一古希腊-罗马七大奇迹名录的启发。

亚历山大灯塔

公元前280年，埃及法老托勒密二世在法洛斯岛上建造了这座著名的灯塔。这是一项伟大的技术成就，它成为后来许多灯塔的典范。它高约110米，几乎和大金字塔一样高，有一个坡道系统，以便驮运燃料到塔顶的火炬上。

吉萨大金字塔

4500年前，4万名工人花了20年时间为胡夫法老建造大金字塔。这座金字塔高约138米，由200多万块石块组成，里面有法老的墓室。

摩索拉斯陵墓

公元前351年，安纳托利亚女王阿尔特米西亚思念她死去的丈夫摩索拉斯国王，于是聘请著名的希腊建筑师建造了这座宏伟的陵墓。陵墓有36根柱子，24级金字塔台阶，顶部有一座四马奔腾的战车雕塑。这座坟墓是如此地具有标志性，以至于当时的人们会用"摩索拉斯"来指代所有华丽的陵墓。

巴比伦空中花园

传说巴比伦国王尼布甲尼撒二世（约前634—前562）在他的城堡旁为妻子安美依迪丝建造了这座花园，因为她怀念她故乡米底的绿色。花园实际上并不是真的在空中，只是由于这些花种在城堡山山坡的梯田上，所以看起来就好像悬浮在空中。

以弗所的阿尔忒弥斯神庙

公元前550年，克罗伊索斯国王在今天的土耳其为希腊的狩猎女神兼月亮女神阿尔忒弥斯建造了一座巨大的神庙。它覆盖着错综复杂的彩色绘画。公元前356年，神殿被人焚毁，后又得到重建。但它在公元262年被哥特入侵者推倒了。

NAN MADOL

南基尔姆瓦胡神庙

这座神庙位于上城,是桑德洛尔人首领的居所,也是他施行酷刑和处决人的地方。

里普卡佩德山

这座山附近有一堵叫作"亚当的苹果"的岩壁,用于攀登和运动。

海龟

可悲的是,红海龟和玳瑁已濒临灭绝,它们是密克罗尼西亚的圣兽,也作为仪式上的食物被人们享用。

鳗鱼洞穴

祭司们把神圣的鳗鱼放在有水的洞穴里,并喂它们海龟。鳗鱼今天仍被视为海神,所以在密克罗尼西亚文化中是不允许食用它的。

神的会议小屋

桑德洛尔人希望南马都尔成为贵族、祭司以及他们所征服部落的酋长等精英的聚集中心。

中央水池

桑德洛尔人在天然礁池举行宗教仪式。他们还为国王养蛤蜊。

巫医诊疗所

上城有58座小岛，其中许多小岛都有高大的黑色岩壁，墓穴和祭司的居所被环绕其间。

卡瓦石

桑德洛尔人用扁平的石臼将一种名为卡瓦的植物捣碎成苦涩的卡瓦酒，这是一种举行仪式时用的醉人饮料。

南特瓦西神庙

桑德洛尔人在波纳佩岛早已存在的熔岩壳上建造了最令人印象深刻的岩壁和巨石神庙。

红树林

红树林的生长环境特殊——要在盐水里，所以它们生长在岛屿的边缘。很多动物把红树林的根部作为庇护所，养育它们的幼崽。红树林是最适合生物繁育和最复杂的生态系统之一！

克苏鲁

受到南马都尔诡秘恐怖气氛的启发，作家H．P．洛夫克拉夫特创造了克苏鲁海怪这一形象，它是一个长着章鱼脑袋的潜伏在海里的龙人怪。

被诅咒的墓地

上城有58座小岛，它们中的许多有着黑色的石墙，把皇家的墓葬围绕起来。"被诅咒的墓地"是其中保存最完好的墓葬之一。

南特瓦西墓穴

桑德洛尔人创造了一个由一位拥有至高无上权力的酋长统治整座波纳佩岛的统一的社会，这座为第一个国王建造的坟墓就是最好的体现。

南马都尔

公元1180年，就在密克罗尼西亚的波纳佩火山岛附近，桑德洛尔王朝建立了有史以来唯一一座建在珊瑚礁上的城市。他们用被称为"玄武岩"的黑色火山岩建造了92座小岛。这是一项惊人的壮举，他们用木筏拖运了75万吨岩石，传说龙也帮了忙！岛上有寺庙、坟墓、养海龟和鳗鱼的水池，运河贯穿各处。东北部的上城是祭司的所在地；西南部的下城是政府所在地。我们对神秘的桑德洛尔人知之甚少。

入口通道

绍纳人使用创新的木制门楣来支撑高约250米的大围场墙中的大门，这些门楣由干石块砌成，没有使用任何胶水砂浆。

黏土砾石屋

绍纳人在山丘与河谷地区建造了圆形的黏土砾石房屋。许多房子有多个房间、睡台、一个厨房和一个院子。

河谷废墟

绍纳人是老练的商人。考古学家在这个市场区域发现了一些宝藏，包括来自中国的瓷器和来自中东的硬币。

大围场

国王一家住在用100万块石块建成的约9米高的墙内。一条狭窄的内部通道连接起一座座的塔楼。

绍纳人

在大津巴布韦的鼎盛时期，有2万名绍纳人在此居住。如今这里有超过1000万绍纳人。

锥形塔

这座粮仓塔展示了绍纳人的建筑技术以及他们种植和储存谷物的能力。统治者把谷物赠予他的人民作为保护的象征。

非洲渔雕

绍纳人崇尚这种凶猛的食鱼鹰，把它们的雕像雕刻在了自己的圣所当中。非洲渔雕在附近的穆蒂里奎湖上捕猎，它们的巢可以有小汽车那么大！

Great Zimbabwe

大津巴布韦

金矿开采

绍纳人开采了约600吨黄金。他们用黄金来制造硬币和首饰，并用于贸易。

这座精心设计的堡垒占地超过720公顷，坐落在现代津巴布韦境内的赞比西河和林波波河之间。在公元11—15世纪，这座城市因在稀树草原上开采金矿和养牛而变得富有。市民们用黄金和象牙交换商品——考古学家在这里发现了来自遥远中国的钱币、珠子和瓷器。大津巴布韦在民间传说中是巨人的游乐场，巨大的花岗岩墙分隔了城市的各个区域。

山丘建筑区

铁器时代的人们住在山顶——这座城市最古老的地区。圆形小屋被高耸的石墙保护着。

津巴布韦鸟

人们在废墟中发现了八尊津巴布韦鸟的皂石雕像，其中一些还有人的脚和嘴唇。今天的津巴布韦国旗上就有这种鸟的图案。

围墙

绍纳石匠用火加热巨大的花岗岩，然后把它们扔进冷水中，岩石就会炸裂成建墙用的砖块。

大围场东阳台

在山丘建筑群中，有一个阳台，可以欣赏到班图人用来制作砖块的巨石的壮丽景色。其中一块很像津巴布韦鸟。

嘉兰（火焰百合）

带毒性的嘉兰花朵颜色从浓烈的橙黄色到红粉色不等。它是津巴布韦的国花。

경주

东宫和月池
当这座被新罗文武王划为太子东宫的宫殿被焚毁时，宝物沉入了月池。1975年，它们被重新发现并被送往国立庆州博物馆。

瞻星台
这是一座观星塔。这座建筑的各个元素都象征着某种天文规律，是亚洲最古老的天文台。这座建筑物的尺寸对应着黄道十二宫的秘密符号。

圣德大王神钟
这口巨大的青铜寺钟高约3.66米，重约20吨，钟声回荡极具穿透力！

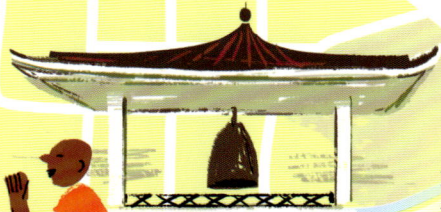

南山雕刻
传说中南山是新罗王朝创始人的出生地。山腰上有100座寺庙、60座佛塔和80尊石佛像。

庆州

庆州被称为"没有围墙的博物馆"，它拥有比韩国其他任何地方都多的古代佛教艺术形式、宫殿和纪念碑等。它是新罗王朝的首都，新罗王朝是古韩国的"三国"之一，统治时间为公元前57年至公元935年。在9世纪的鼎盛时期，庆州曾是世界第四大城市，拥有100万居民和18万座房屋。新罗在6世纪接受了佛教，当时杰出的工匠们创造了令人惊叹的佛教寺庙。1392年朝鲜王朝掌权后，庆州不再是国家首都。

骨窟寺

这是韩国唯一的石窟寺庙，位于含月山山脚下。一尊约4米高的佛像坐落在12个供奉佛像的石窟法堂上方。

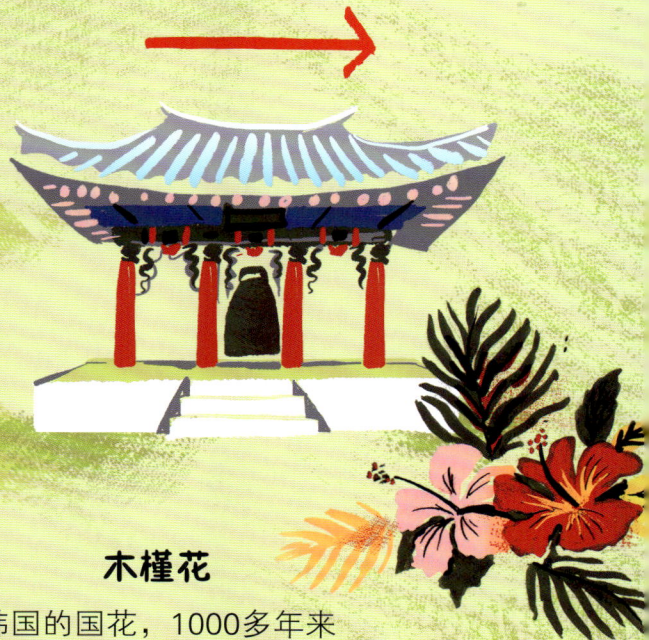

木槿花

韩国的国花，1000多年来一直被视为神圣的。它的五片花瓣分别代表着积极的品质，合起来象征和平与幸福。

龟船

龟船是世界上最早的装甲船，因其外形酷似龟而得名。船首的龙头会喷出硫黄烟雾来迷惑敌人。

佛国寺

这座美丽得令人惊叹的寺庙是韩国佛教建筑黄金时代的杰作，（殿前的）两座宝塔上都有华丽的石雕。

皇龙寺

它是新罗统治时期最大的寺庙，存放着王国的大部分佛教宝物。芬皇寺石塔就在它隔壁。

石窟庵

朝圣者来到这个山腰上的石窟，与一尊面向大海的巨大佛像一起祈祷。这一韩国的文化瑰宝修建于新罗王朝时期。

多宝塔

华丽的多宝塔位于佛国寺内。韩国的宝塔是从印度北部的"窣堵波"（一种纪念死者的建筑）演变而来的。

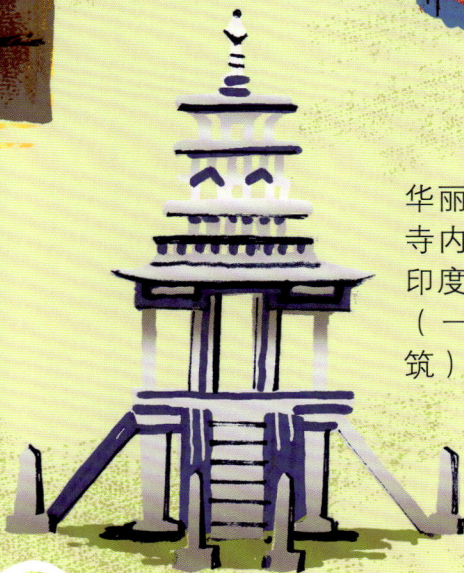

芬皇寺石塔

传说是一条黄龙为这座塔选的址。这个蛋糕状的石塔原本有九层，现在只剩下三层。

MACHU PICCHU

印加艺术

印加人是杰出的建筑家。他们把历法的知识融入到了他们创造的建筑中。

警卫室

印加人出于战略考虑在两条小路的交会处建造了这座俯瞰神圣广场的瞭望塔，从瞭望塔可以看到城市的入口。

岩石祭台

在警卫室旁边有一个神秘的岩石台。考古学家猜测它是用来向神明献祭美洲驼的。

太阳门

士兵们守卫着马丘比丘的主城门，以此来管控太阳神因蒂的圣所的进出。

大陵墓

印加人在太阳神庙下的石头上为王室成员凿出了这个拱形的陵墓。墙壁上刻有神圣的符号。

农耕梯田

印加人是聪明的农民，他们发明了梯田式耕作来应对陡峭的山坡。他们是第一批种植土豆和藜麦等农作物的人。

马丘比丘

地处秘鲁境内安第斯山脉的热带雨林中、海拔约2350米的马丘比丘，在过去的数百年里一直是谜一样的存在。马丘比丘建于公元1450年左右，在它的建造者印加人的语言克丘亚语中，意思是"古老的山峰"。公元1400年至1500年间，这个非凡的部落建立了美洲最大的帝国，从厄瓜多尔延伸到智利，从玻利维亚延伸到太平洋。马丘比丘曾经被认为是一座消失的城市，但最近的研究表明，它是为统治者帕查库特克（1438—1471年在位）建造的一座宫殿建筑群。西班牙征服者从未发现这里，因此它几乎原原本本地保留了下来，这真是考古学上的奇迹。

三窗庙

这座寺庙中巨大的岩石块紧密地贴在一起，连一根头发丝都插不进去。三扇梯形窗户朝着日出的方向，印加人把日出看作一件神圣的事情。

太阳神庙

印加人相信他们是太阳的孩子。这座椭圆形的神庙被建在城市的最高点，他们希望能触碰到天堂。

揽日石

印加人用这个日晷来预测冬至，也就是太阳在一年中白昼最长的一天达到最高点的时候。

神圣广场

那些最重要的神庙环绕着这个特别的广场。印加人用巨大的石块来建造建筑物，不使用砂浆作为黏合剂——但他们的建筑物在历次地震后仍屹立不倒。

太阳神之洞

这个"太阳神之洞"位于太阳神庙之下。除了在冬至日出时，阳光会透过唯一的窗户照射进来，平时没有任何光线进入。

美洲驼

在别的文明中，牛、羊和猪都是很常见的动物，但印加人的社会中没有这些动物。他们驯化了美洲驼，把它们作为食物和衣服的来源，甚至用它们献祭神灵。

ATHENS

罗马市集和风之塔

恺撒大帝和奥古斯都在公元前1世纪为市集的建设提供了资金。风之塔是因为建筑的八面刻有八个风神的形象而得名。

古市集

这个区域是城市的中心，在公共生活的各个方面都发挥着重要作用。公民们聚集在露天广场上进行选举、宗教游行、交易或体育比赛。

卫城

雅典卫城建于公元前5世纪，反映了雅典巅峰时期——伯利克里治下的黄金时代——的辉煌、权势和财富。

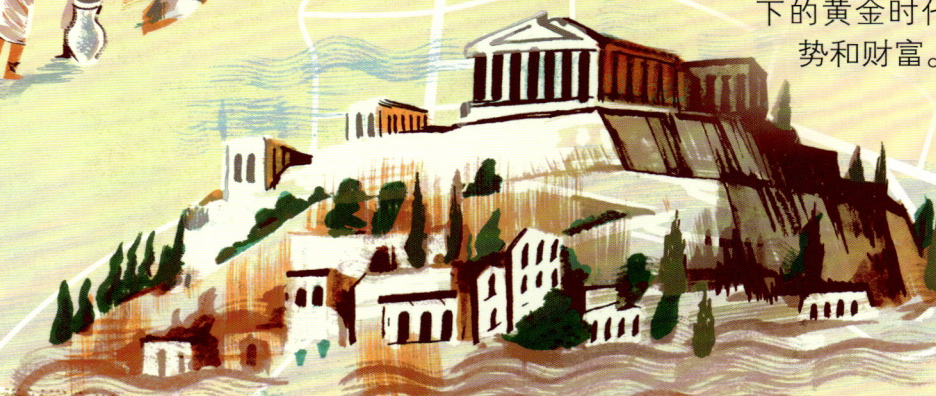

菲洛帕波斯山

希腊人曾经相信这座山上住着九位缪斯——守护艺术的女神。

希罗德·阿提库斯剧场

古代雅典人建造剧场来举行音乐比赛。这是雅典的第三座剧场。

普尼克斯山

这座山是公元前5世纪公民大会的正式会场，也是民主的诞生地。开会时，会有多达13000人坐在面向演讲者的山坡上。

狄俄尼索斯剧院

这个剧院被认为是欧洲戏剧的诞生地，它是在公元前6世纪酒神崇拜（狄俄尼索斯是酒和欢乐之神）传到雅典后建造的。

雅典

在历史上的大部分时间里，雅典不是处于战争状态，就是在为战争做准备，或者在战后恢复。但从波斯战争结束到伯罗奔尼撒战争开始前的这段时期，即公元前454—前430年，这座城市在和平中繁荣发展。在此期间，古希腊人为民主、科学、哲学、书写、税务、书面契约和学校奠定了基础，这些东西对于今天的我们来说仍然至关重要。人们可以透过这些让人惊叹的遗迹，看到这个曾经富有而强大的城市的历史。

哈德良拱门

这座拱门是为纪念罗马皇帝哈德良而建造的，有人认为，这座拱门位于罗马征服后建造的新雅典和之前的旧雅典的分界线上，拱门以东是新雅典，以西是旧雅典。

帕纳辛奈科体育场

这座体育场始建于公元前4世纪，是泛雅典运动会[12]的场地。据传在公元120年哈德良的登基仪式上，有1000头野兽在运动场上被献祭。

奥林匹亚宙斯神庙

这座神庙始建于公元前6世纪，历经数个世纪的不断修建，最终由罗马皇帝哈德良在公元131年完成。

迦太基

从公元前 146 年起，罗马人洗劫并重建了这座宏伟的腓尼基贸易城镇。迦太基曾经是非洲海岸一座巨大的港口城市，比它更大的，只有同时期罗马帝国的罗马城。在被入侵者多次洗劫后，这里只剩下圆形剧场和安东尼浴场。

埃尔多拉多

1541年，一位西班牙旅行家写下了 "埃尔多拉多" ——一位全身涂满金粉的印第安酋长——的故事。从此，人们开始了对亚马孙地区消失的黄金国埃尔多拉多的疯狂而徒劳的寻找。

消失的城市

些古城至今仍然繁华，另一些则破败了，然而有些甚至已经完全消失了！当一座城市衰落，它曾经的重要性也不再被人所知晓时，就会被认为是消失了。这些消失的古城，有些被大自然抛弃和湮没，多年以后才被探险家偶然发现；有些则被自然灾害所吞没，又在后来的自然灾害过后重见天日。有些古城一直没有再被发现，人们只能从古代文献中读到相关的记述。它们是真的存在过，还是仅仅只是传说呢？

亚特兰蒂斯

公元前360年，希腊哲学家柏拉图讲了一个关于沉没的城市亚特兰蒂斯的寓言。他的故事成为历史上最广泛流传的传说之一。根据柏拉图的说法，比他所处的时代早9000年时亚特兰蒂斯就已经存在。创始人是半神半人，住在一座遍布宝藏的岛上。当居民变得贪婪时，众神用火和地震来惩罚他们，亚特兰蒂斯就此沉入大海。虽然学者们认为这只是一个关于道德行为的寓言，但人们寻找亚特兰蒂斯已经超过了1000年。

特洛伊

公元前13世纪，勇猛的迈锡尼战士围困了爱琴海沿岸的特洛伊城。伟大的诗人荷马在《伊利亚特》中吟唱这个故事，使其成为不朽的经典。在过去的约150年间，24次发掘活动让城堡周围的防御墙、坡道、城门和雅典娜神庙重见天日。这些发掘证明了古代安纳托利亚文明与地中海世界之间存在着联系。

德林库尤

1963年，一名男子在翻修地下室时意外发现了这座拥有2000年历史的城市，它位于地下约60米处，曾经是2万人的家园。德林库尤建于公元780—1180年的拜占庭时代，据说是一个躲避战祸的避难所。石门从内部上锁，以阻挡入侵者。

消失的Z城

几个世纪以来，探险家们一直在寻找亚马孙雨林中消失的Z城，据说Z城是一个拥有无尽财富的奇幻王国。新的研究发现，亚马孙地区多处遗留有古代陶器和护城河遗迹。这些表明，今天的亚马孙小型部落是数千年前存在的大型高级社会的后代。

دمشق

大马士革城堡

一位土库曼军阀在旧城区建造了这座坚固的城堡，作为古代统治者的住所和军队的驻扎地。

大马士革

马克·吐温说："随意回溯迷蒙的历史，那里永远有一个大马士革。"历史学家不确定其确切的建城日期，埃及象形文字中记载的日期是公元前15世纪，而在对倭马亚清真寺的发掘中则出土了公元前3000年到公元前2000年间的线索。历史上，包括传说中的以色列国王大卫、亚述人、巴比伦国王尼布甲尼撒和波斯人，都曾征服过大马士革。公元前333年，大马士革被亚历山大大帝攻陷。公元661—750年间，这座城市是一个重要的伊斯兰王朝——倭马亚王朝——的都城。

努尔丁陵墓

这座陵墓、清真寺是献给土耳其王子努尔丁的，他以对抗基督教十字军而闻名。

提基亚清真寺

提基亚，在阿拉伯语中的意思是"济贫院"，这座清真寺以欢迎有需要的人或贫困者而闻名。

萨拉丁陵墓

阿尤布王朝的苏丹萨拉丁在公元12世纪征服了大马士革，他的王国疆域辽阔，覆盖了埃及和叙利亚。他的陵墓在倭马亚清真寺旁。

倭马亚清真寺

这里曾经是希腊风格的朱庇特神庙，后来成为拜占庭教堂，是世界上最古老、最大、最神圣的清真寺之一。

东城门

罗马人设计了这座也被称为"太阳之门"的宽阔拱形城门。它通向主干道"直街"。

朱庇特神庙

公元前64年，罗马人征服大马士革后，在供奉雨神哈达德的阿拉米人神庙之上建造了一座巨大的神庙，供奉雷神朱庇特。

藏宝楼

这个"穹顶金库"实际上是一座奇异的、镶嵌着马赛克的八角形塔楼，有8根柱子。它曾经存放着倭马亚清真寺的稀有手稿。

大马士革玛丽亚米特大教堂

这座教堂是安提阿正教会的所在地。古代大马士革的大多数基督徒都是希腊东正教徒。

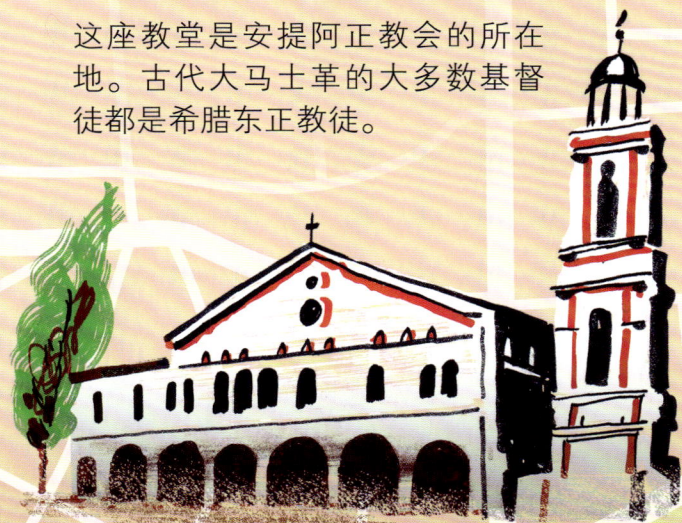

بابل

巴比伦之狮

这头狮子是巴比伦的象征，代表生育、爱情和战争的女神伊什塔尔。它被用来向巴比伦的敌人灌输恐惧。

尼布甲尼撒的南宫

尼布甲尼撒国王有着宏大的构思。他的南宫有500多个房间，其中包括古代世界七大奇迹之一的空中花园。

希腊式剧院

当亚历山大大帝征服巴比伦时，他用埃特曼南基的一部分建造了希腊式剧院和角力学校（体育场）。

埃特曼南基

这座约91米高的庙塔（金字塔形）是巴比伦守护神马尔杜克的神殿。尼布甲尼撒国王想借此震惊世界并让自己抵达天堂！

巴比伦

巴比伦位于古美索不达米亚平原上的幼发拉底河沿岸，美索不达米亚是人类文明的摇篮，位于现在的伊拉克地区。巴比伦建于公元前23世纪，有许多值得称道的地方，包括在早期书写和法律方面的创举。最声名狼藉的巴比伦国王——尼布甲尼撒王，出现在了《旧约》中。他对建筑的狂热造就了古代世界最宏伟的城市。在他的统治下，巴比伦有多达100万居民。公元前331年，亚历山大大帝征服了巴比伦。在他死后，这座城市不再繁荣，最终被废弃。

阿达德神庙

阿达德是美索不达米亚的风暴之神。他用雷霆和闪电带来毁灭，用雨水带来新生。

宁吉尔苏神庙

叙利亚国王，高贵的古迪亚为战争、狩猎和风之神建造了这座神庙。这个故事被刻在有4000年历史的陶土圆筒上。

伊什塔尔城门

来到巴比伦的游客在经过一扇约12米高的蓝砖大门时，一定会对它留下深刻的印象，这扇大门上装饰着575条龙和公牛。

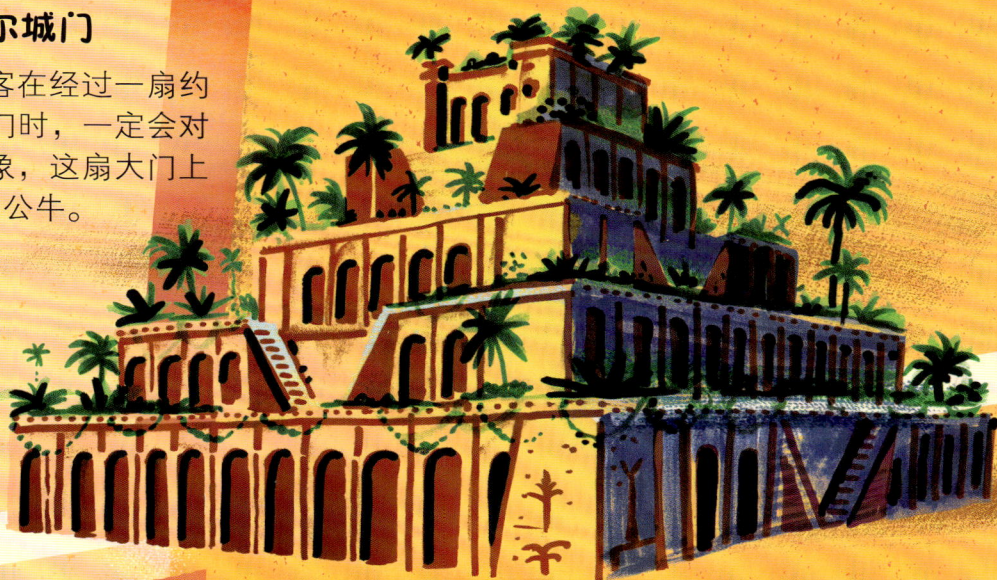

巴比伦空中花园

国王的米底妻子思念家乡，所以他为她建造了华丽的垂直花园。它是古代世界七大奇迹之一。

伊沙拉神庙

伊沙拉是母神。古代美索不达米亚的宗教有300多个神。

美索不达米亚建筑

美索不达米亚人将建造和设计精美建筑的能力视为神赐的绝妙礼物。

半狮人

在巴比伦的宗教中，恶灵的地位介于人与神之间。这些怪物下半身是狮子，上半身是男子。

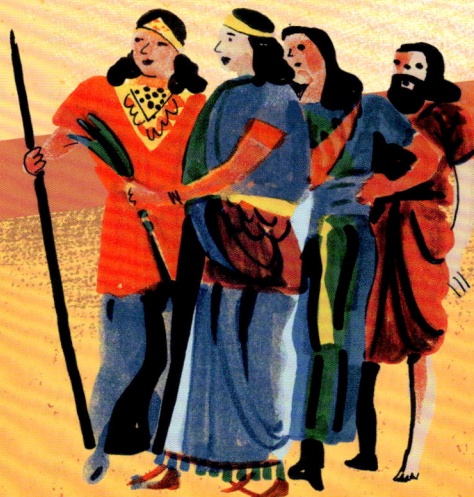

39

太阳神庙

普韦布洛人没有数字和书面语言，但他们建造了这座D型的神庙来标记夏至日与冬至日，这展示了他们在严谨的几何学方面的非凡才能。

雪松树塔

考古学家对于在台地顶部发现的塔是用于传递信息还是用于宗教目的争论不休。它们通常与大地穴成对出现。

梅萨维德

你能想象出一个开凿在悬崖上的蜂窝状的多层建筑吗？那就是梅萨维德。"梅萨维德"在西班牙语中，意为"绿色的台地"，指的是这些迷人住宅下方的平坦高原。公元550年至1300年，古普韦布洛人在今天的美国科罗拉多州境内建造了梅萨维德。古普韦布洛人是猎人也是农民。公元1100至1300年间，他们为了寻求庇护从高原搬到悬崖边。历史学家推测，他们从公元1300年开始向南迁移来躲避干旱。

云杉树屋

超过100人参与建造了这座复杂的房屋，它由114个房间组成，每一家都有一个院子、卧室和储藏空间。

方塔之屋

这座神秘的三层塔楼周围住着大约500人。普韦布洛的塔楼很有可能是用于通信、空间观察、做礼拜或储存的。

杯子屋

考古学家在这里发现了3个用丝兰绳绑在一起的杯子，就以此命名了这个地方。这个住所可以容纳80—100人。

长屋

许多家庭合作建造了可为150人提供居所的长屋，并将它作为悬崖定居点的政府中心。

大角羊

人们正在努力将这一快要灭绝的科罗拉多州州兽重新引入梅萨维德。一只大角羊的角可以重达14公斤！

露台庭院

游客们要爬过隧道，攀上梯子，才能进入这座有40个房间的悬崖屋。从它的高度，可以俯瞰180米深的苏打峡谷的奇妙景色。

Mesa Verde

火神庙

这座仪式性建筑以装饰在红白黏土墙上的精细象形文字而闻名，它有一个约13米高的中央大厅，里面有一个巨大的火坑。

普韦布洛陶器

普韦布洛人在制陶方面很有天赋。他们用从蜜蜂草中提取出的染料，给烧制好的器皿画上精致的黑色和白色几何图案。

橡树屋

狭窄的小径伴随着陡峭的下坡路，通往这座非凡的房子，它有60个房间，建在两个岩架上。在这里还发现了陶器和谷物研磨工具。

悬崖宫

这一令人叹为观止的建筑拥有217个房间和23个大地穴，可以容纳250—300人。

POMPEI

神秘的别墅

这个农场和葡萄园有90个房间，还有一幅真人大小的壁画，画中一位新娘正在参加祭祀酒神的仪式。

维苏威火山

维苏威火山是当今欧洲大陆上唯一的活火山。自罗马时代以来，它已经喷发了50多次。每次喷发，它的高度都会发生变化！

农牧神之家

这是庞贝最大的房子，占据了整整一个城市街区！它拥有一幅华丽的亚历山大大帝镶嵌画和一尊农牧神铜像。

朱庇特神庙

作为光明和天空之神，朱庇特是罗马诸神之首。这座神庙俯瞰着整个广场。

广场

这是城市生活的中心，高级神庙、市政建筑、大教堂（法庭）和马塞鲁（市场）都位于其内部或周围。

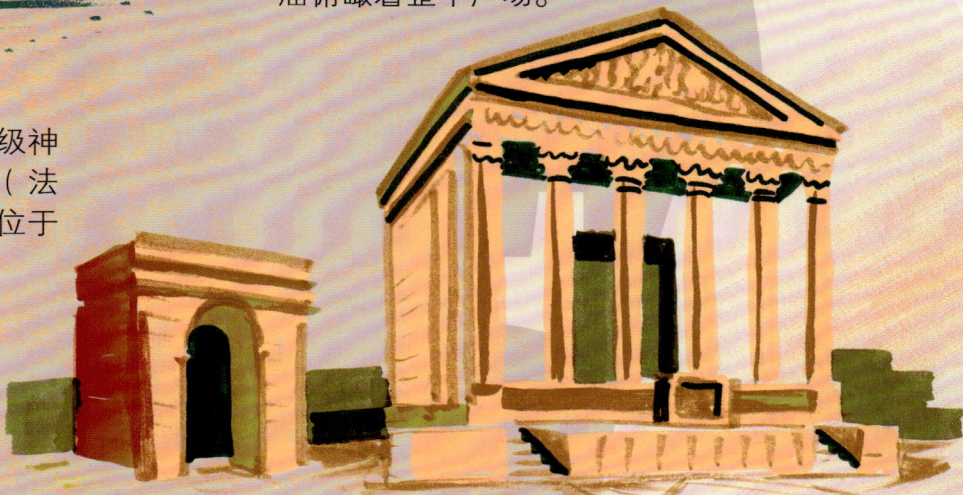

集市

庞贝繁华的集市里有一个卖鱼和肉的大厅，还有卖水果、蔬菜、谷物和面包的商店。作为一座港口城市，庞贝会进口它无法种植的食物。

角斗士

数以千计的观众前来为这些职业角斗士加油助威，因为他们正在进行生死搏斗。庞贝城的涂鸦展示了粉丝们最喜欢的角斗士！

角斗士营房

考古学家在这个露天的围柱式建筑中发现了角斗士的头盔和武器，战士们在这里训练并在战斗间隙闲逛。

波佩亚别墅

尼禄皇帝的豪华海滨别墅有一个很大的游泳池。餐厅和客厅的墙上装饰着壁画。

庞贝

在活火山脚下建造城市是很有风险的！公元79年8月24日，随着一连串地动山摇，维苏威火山爆发，吞没了繁华的罗马城市庞贝。奥斯坎人在公元前8世纪建立了庞贝城。公元前89年，罗马人征服了这座城市，从政府、文化和建筑等生活的各个方面将其罗马化。当维苏威火山喷发时，烟雾、毒气、浮石和灰烬笼罩了整个城市，将历史上的这一瞬间保留了下来。因此，我们难得地窥见了罗马帝国时期公民的生活方式。庞贝城消失时，大约有11000人生活在那里。

维提之家

因葡萄酒贸易而致富的维提兄弟建造了庞贝最大的房屋之一。它以12幅精美的希腊神话壁画而闻名。

熟食店

罗马人在被称作"熟食店"的快餐店中购买零食和饮料，那里的热食成排摆放在陶瓦容器中。

圆形露天剧场

这个壮观的场地可以容纳2万人观看角斗士比赛。它是意大利最古老的石制圆形剧场——甚至比罗马斗兽场还要古老！

አሲም

阿克苏姆方尖碑

在基督教到来之前，阿克苏姆人用石碑——有雕刻的石塔——来标记坟墓。这座巨大的方尖碑约24米高。

东古尔

传说中，东古尔是希巴女王的宫殿。这座优雅的豪宅有50个房间，包括王座室和藏宝室。

锡安山圣玛丽亚大教堂

埃扎纳国王建造了非洲最古老的基督教教堂。传说这座教堂里存放着约柜，即原始的十诫。

约柜礼拜堂

锡安山圣玛丽亚大教堂边上的这座小建筑，是僧侣们站岗放哨的地方。他们相信这里存放着被摩西刻上十诫的石板。

游娣特石碑

人们用勇猛的游娣特女王的名字命名这些石头墓碑，她在公元970年征服了阿克苏姆帝国。

戈贝德拉的母狮

考古学家在阿克苏姆以西约2.4公里处发现了一个3米高的石雕，雕刻着一头蹲伏的母狮，它靠近阿克苏姆人为他们的石碑和方尖碑取石的采石场。

埃扎纳石碑

这块石碑堪称埃塞俄比亚的罗塞塔石碑[13]，上面刻有埃扎纳国王取得胜利的消息。这块石碑之所以重要，是因为阿克苏姆人在石碑上用塞巴语、吉兹语和希腊语三种语言记述了同一段内容（后人得以破译前两种古老的语言）。

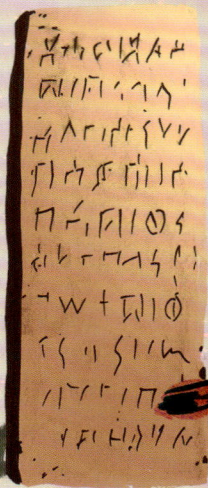

锡门狐

这种锈红和白色相间的肉食动物也被称为"埃塞俄比亚狼"，是非洲濒危的物种之一。

希巴女王的浴池

虽然被称为"皇家游泳池"或"浴缸"，但实际上这个水库数千年来一直是个非常重要的饮用水源。

巴赞国王陵墓

这个大型墓地被雕刻在岩壁上。有人说巴赞国王是《圣经》中的巴尔萨泽，正是他把基督降生的消息传了出去。

阿克苏姆

尽管撒哈拉以南的阿克苏姆王国在公元4—10世纪是世界上最强大的国家之一，但是关于它的很多事情仍旧还是个谜。它的首都阿克苏姆位于非洲，也就是如今埃塞俄比亚和厄立特里亚的所在地。阿克苏姆人的硬币表明，他们用埃塞俄比亚语书写，但当时的书面记录几乎没有留下。在它的鼎盛时期，大约有2万人居住在这座城市。阿克苏姆坐落于红海沿岸，地处罗马和波斯之间的贸易通道上，它是当时重要的海军和贸易强国。

阿巴·潘特勒旺修道院

阿巴·潘特勒旺是一位40年不间断祈祷的圣人，他在一个前异教徒的礼拜场所建造了这座山顶修道院。

古代文明

金字塔、热巧克力、奥林匹克运动会和把一年计作365天的历法，它们之间有什么共同之处呢？它们都是历史上一些最伟大的古老文明创造的！一起穿越古代世界，探索这些文明的奇妙成就是如何帮助我们塑造现代生活的吧。

古希腊

古希腊文明创建于公元前1600年左右，它由一系列的城邦文明构成。希腊思想家们奠定了许多西方文明的基石，包括民主、哲学、医学和几何学。戏剧和奥运会也是他们想出来的。

罗马帝国

罗马凭借勇敢不屈的军队征服了世界的许多地区，从意大利的一个小城邦发展成为历史上最强大的帝国之一。公元前3世纪到公元5世纪是它最强大的时期。罗马的文化遗产包括罗曼语族和一年365天的历法。

拜占庭

公元395年罗马帝国分裂，它的东半部成为拜占庭帝国，首都是拜占庭。从图书馆到法律，拜占庭人保留了古希腊和罗马文化，还接受并传播基督教。拜占庭帝国存在的时间长达1000年。

古埃及

这个壮观的文明发明了莎草纸，使用含有700个象形文字的字母表，将死者制成木乃伊，并建造了金字塔。他们不仅善于创造令人惊叹的建筑，还勤于耕作。他们的农业始于公元前5000年肥沃的尼罗河谷，到公元前3100年，埃及已发展成为一个强大的王国。

阿兹特克帝国

700年前，一个战士部落来到墨西哥，征服了邻近的部落，直至成为中美洲最强大的帝国。阿兹特克人因为在壮观的金字塔神庙中献祭活人来取悦神灵而臭名昭著。他们还发明了热巧克力和一种叫作奥拉玛的球类游戏。1521年西班牙人打败了阿兹特克人。

波斯

从公元前550年开始，波斯历经200年成为世界上最强大的帝国。它统治着比以往任何帝国都多的世界人口，连接中东、北非、中亚、印度、欧洲和地中海地区。波斯人以公平对待被征服的人民、完善的道路系统和官方语言（通用亚拉姆语）而闻名。

古斯拉夫人

公元5世纪到10世纪，古斯拉夫文明在欧洲的中部和东部占据了主导地位。斯拉夫人在文化上是通过斯拉夫语联系在一起的，如保加利亚语、波兰语和俄语。历史上关于古斯拉夫人的记载很少，因为他们是由家庭部落而不是国家组织起来的。

王朝时代的中国

王朝是指由来自同一家族的统治者连续统治的时代。12个王朝统治了中国3000多年！公元前221年，秦始皇统一了战国时代的诸国。在此后2000年的和平时期里，这个先进的文明蓬勃发展。古代中国人建造了大都市，并沿着从中国到地中海的丝绸之路进行丝绸和茶叶贸易。

布拉格城堡

这座童话般的城堡占地约7万平方米，是世界上最大的城堡。它曾是波西米亚君主、神圣罗马帝国皇帝和捷克总统的权力中心所在地。

圣马丁圆形大厅

这是布拉格最古老的建筑之一，它在多次浩劫中幸存了下来——有一颗炮弹甚至还嵌在墙上！如今的圆形大厅被用来举行宗教仪式。

查理大桥

查理四世皇帝在这座由建筑师彼得·帕尔勒日设计的可爱拱桥上铺下了第一块石头。桥两旁排列着圣徒雕像。

圣母玛利亚教堂

这座幽暗的哥特式教堂始建于查理四世时期。在城市的任何地方都可以看得见它约80米高的双塔！

查理四世皇帝

查理是第一位成为神圣罗马帝国皇帝的波西米亚国王，他为布拉格留下了许多伟大的历史建筑。

以马忤斯修道院

本笃会修士们穿着黑色长袍，将祈祷与劳作结合起来。这座修道院以 85 幅精美的《圣经》主题壁画而闻名。

老新犹太会堂[14]

相传有一个怪物戈伦[15]住在这座欧洲最古老的犹太教堂的阁楼里，一位16世纪的犹太教拉比[16]创造了他，来保护布拉格的犹太人。

高堡

高堡是布拉格最古老的建筑之一，也是最初的城市聚落所在地，这里有一座城堡、圆形大厅和本城名人的墓地。

Praha

老市政厅

市政厅建筑群由许多建筑构成，包括天文钟和一座约70米高的塔楼，它是中世纪布拉格城中最高的塔。

布拉格天文钟

天文钟让人们知道时间以及太阳和月亮的位置。这座举世闻名的天文钟由一具象征死神的骷髅雕塑每小时敲响一次。

皇冠上的珠宝

价值连城的皇冠上的珠宝被锁在圣维特大教堂内的铁制保险柜里，外面上了七把锁，钥匙由王国里的七个人分别保管。

布拉格

根据民间传说，布拉格是莉布丝公主创建的，她与一个名叫培密索尔的贫穷农民结婚并在伏尔塔瓦河上建造了一座城堡。布拉格逐渐变得富裕和强大，并在公元13和14世纪的国王查理四世的统治下达到顶峰。1355年，查理四世又在罗马被加冕为神圣罗马帝国的皇帝，布拉格成为神圣罗马帝国的首都，也是当时欧洲最强大的城市。查理四世创立了欧洲最古老的大学之一，并让人建造了壮观的查理大桥，将布拉格的老城与新城连接起来。

الإسكندرية

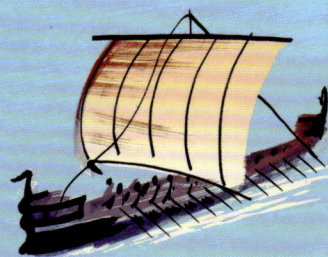

亚历山大图书馆
亚历山大大帝不只是征服外国领土，他还尽可能地向外国人学习。这座著名的图书馆是第一座收集各国图书的图书馆。

亚历山大灯塔

托勒密二世在法洛斯岛上建造了这座奇妙的灯塔。它高约110米，就好比早年间的摩天大楼，这是一项伟大的技术成就。

凯特贝城堡
马穆鲁克人在亚历山大灯塔的准确位置上建造了这座堡垒。它是地中海沿岸一个重要的防御据点。

安福诗墓地
这座古希腊风格的墓地坐落在城市的两个港口之间曾经的一座岛上，曾装饰有五颜六色的壁画。

孔索加法地下墓穴
一头驴子意外掉到了地底下，人们因此重新发现了这些融合了希腊、罗马和埃及风格的地下墓穴，在岩石墓室中保存着300具尸体。

亚历山大的塞拉皮斯神庙
这座宏伟的希腊–埃及风格的神庙供奉着亚历山大的守护神塞拉皮斯。亚历山大的第二座图书馆也位于其中。

庞培柱
这根花岗岩柱子有约30米高，它并不是真正为庞培而设，而是为戴克里先皇帝而设的。它矗立在塞拉皮斯神庙旁。

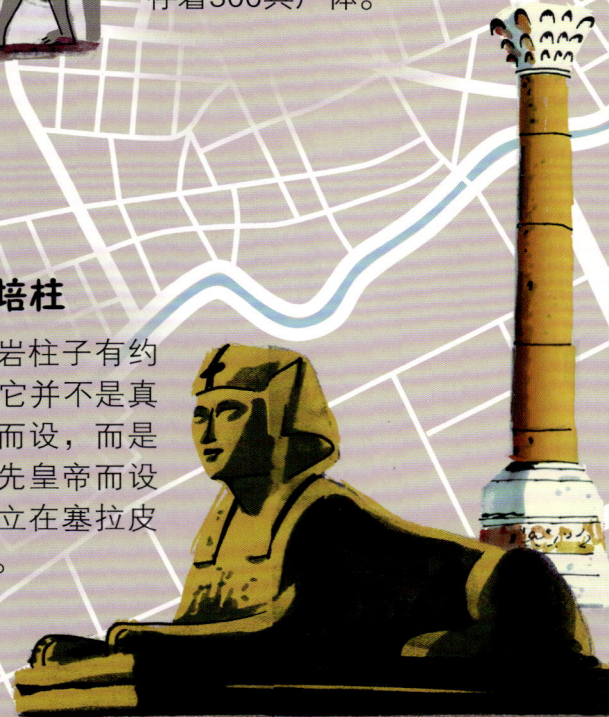

穆斯塔法·卡迈勒大墓地

1933年，一个人在建造足球场时，发现了六座雕刻精美的亚历山大大帝时期的地下石墓，每块墓碑上都有华丽的雕刻。

亚历山大大帝

亚历山大城有许多伟大的征服者亚历山大的雕像。他的形象强壮、结实，有一头金发、一只黑眼睛和一只蓝眼睛。

数学

埃拉托色尼是一位杰出的数学家、天文学家和亚历山大图书馆的首席图书管理员，他曾在亚历山大城用日晷测量地球的周长。

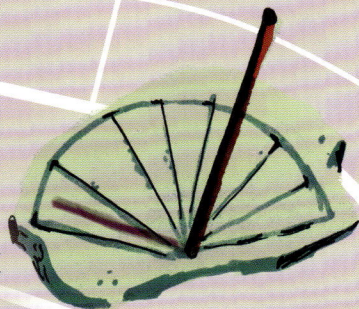

亚历山大

公元前332年，亚历山大大帝年仅25岁时，就建立了亚历山大这座城市。它作为希腊人、罗马人和拜占庭人统治下的埃及的首都，时间长达将近1000年，直到公元642年向阿拉伯军队投降。这座城市位于开罗以北约183公里的地中海沿岸。世界七大奇迹之一的法洛斯灯塔，矗立在这个古老港口的入口处。公元前51—前30年，这里由克娄巴特拉女王统治。直到16世纪衰落以前，这座港口城市一直很繁荣。遗憾的是，随着法洛斯灯塔倒塌、图书馆被烧毁，古亚历山大城的遗迹所剩无几。

科姆迪卡的罗马剧场

老亚历山大的市中心之所以有名，是因为有一个公共澡堂、一个带有可容纳800人的礼堂的大型文教综合体，以及当时埃及唯一的露天圆形剧场。

塔波西里斯马格那神庙

这座供奉埃及神奥西里斯的神庙可能是埃及艳后和她的情人马克·安东尼的葬身之地。考古学家仍在对其进行挖掘。

维京人的墓地

最初，维京人在埋葬他们重要成员的一个墓地周围建起了里伯。到公元1000年，他们已经在墓地之上建起了他们的集市，这令考古学家大惑不解。

坎尼克花园修道院

透过重建后的坎尼克花园的玻璃地板，可以看到丹麦最古老的砖砌建筑。它曾是大教堂牧师的食堂。

曼德岛

瓦登海的这座小岛上只有40人。只有在退潮时才能穿过沙滩抵达它。

里伯大教堂

丹麦最古老的教堂，花了100多年才建成。它有一座50多米高的塔楼和248级楼梯。

里伯

公元710年，维京人建立了丹麦最古老的城镇——里伯。它是里伯河沿岸一个繁荣的集镇，靠近丹麦西海岸的瓦登海。得益于它的地理位置，里伯在维京时代发展迅速，因为维京人是擅长建造船只和航行的商人兼探险家。里伯不仅是丹麦最古老的城镇，也是保存得最完好的。通过色彩缤纷的半木结构和砖砌建筑，可以轻松地了解到它多彩的历史，包括维京国王、火灾、洪水和战争。

维京人

别只是记住了戴着带角头盔的恶棍形象，"维京"一词也意味着"远行"。8世纪至11世纪，丹麦维京人建造并驾驶木船在整个欧洲进行劫掠、贸易和耕作。

里伯维堡大教堂学校

现在仍然有学生就读于维堡大教堂学校，这是世界上最古老的学校之一。它首次出现在文字记录中是在公元1145年。

里伯的狗

里伯公民饲养一种被他们称作"教义犬"的狗狗。这些小型杂种犬以可爱著称，从不戴狗链，你还可以把它放在自行车筐里去骑行。

RIBE

里伯市政厅

1489年至2006年，老市政厅是法院的所在地。至今你仍然可以在这里看到一把中世纪的刽子手的斧头。

达格玛酒店

丹麦最古老的酒店，坐落在大教堂旁边。400年来，客人总是在教堂的钟声中醒来。

圣凯瑟琳修道院

黑衣修士为受人尊敬的天主教学者，锡耶纳的圣凯瑟琳，建造了这座简单的砖砌教堂和修道院。

守夜人

自14世纪以来，守夜人一直手持狼牙棒在里伯巡逻，搜寻犯罪、火灾和洪水的迹象。他们会唱一首特别的守夜人之歌！

塔恩堡

在这座15世纪的贵族庄园中，几乎所有的墙、门和窗户都是歪的。它后来成为镇上主教的家。

海豹

灰海豹和港海豹在里伯附近的瓦登海公园的滩涂上玩耍。瓦登海公园是丹麦最大、最潮湿的公园。灰海豹是丹麦体积最大、最凶猛的捕食动物！

مراكش

马拉喀什

高耸的粉色城墙、熙攘的露天市场、瓷砖宫殿和非洲最繁忙的集市，是摩洛哥四大古城中最伟大的马拉喀什的特色。公元1062年，穆拉比特王朝在坦西夫特河以南的肥沃山谷中建立了这座城市。新石器时代以来，这里一直居住着柏柏尔农民。穆拉比特人用红土建造了城墙和麦地那（老城区），马拉喀什因此得名"红城"。它是马格里布地区最重要的贸易中心，也是一个拥有许多古兰经学校的宗教和文化中心。今天，它还以众多郁郁葱葱的公园而闻名。

阿特拉斯山脉

这是北非最高的山脉，环绕着马拉喀什，将摩洛哥海岸线与撒哈拉沙漠分隔开。豹子、瞪羚和猕猴都生活在这里。

德吉玛

在这个北非最繁忙和最古老的集市广场上，你会发现耍蛇人、讲故事的人、橙汁摊、海娜手绘[17]艺术家和露天餐厅。

莫纳哈花园

传说，苏丹把他的敌人淹死在这片田园诗般的橄榄林中心的水池里。水从阿特拉斯山脉经由古老的水渠流淌了约27公里到达这里。

本约瑟夫清真寺

马拉喀什最古老的清真寺，建于公元1070年。它是老城区的中心，集市围绕着它而建。

西迪贝勒阿巴斯修道院

这一圣所是为纪念马拉喀什的神圣守护者西迪贝勒阿巴斯而修建的。他以宣扬精神上的仁慈和慷慨而闻名。

库图比亚清真寺

这座约77米高的清真寺宣礼塔是由西班牙俘虏建造的，它每天会发出五次祈祷的呼声。

埃尔巴蒂宫

这座宫殿是萨德王朝用葡萄牙人支付的赎金建造的，当年的它无比奢华，拥有360个房间，用黄金和大理石装饰。"巴蒂"在阿拉伯语中正是"无与伦比"的意思，多么贴切！

皇宫

游客被禁止踏入这座由穆瓦希德王朝建造的堡垒的庄严围墙之内。摩洛哥国王如今仍然把它作为自己在马拉喀什的皇家行宫。

拉扎玛犹太教堂

旧犹太人区里的居民们在这座蓝白相间的犹太教堂做礼拜，它以美丽的大卫之星瓷砖镶嵌画而闻名。

巴伊亚宫

"巴伊亚"在阿拉伯语中是"光彩照人"的意思，多么贴切啊！这座拥有150个房间的豪华建筑内部，有彩绘木、彩色玻璃、明亮的瓷砖和一个卡拉拉大理石庭院。

阿格达勒花园

800多年来，这片占地约405公顷、绕湖而建的有围墙的花园里一直生长着橘子、核桃、石榴和橄榄。

寻找古城

构成一座城市的不同文明、宗教、建筑和人民，使每个城市都独一无二。你能判断下列描述的是哪座城市吗？

1. 传说这座城市曾经是希巴女王的家乡。

2. 这座城市坐落在恒河河畔，是两种宗教里的圣地。

3. 这座城市被称为"红城"。

4. 这座城市最著名的市民是《圣经》中的尼布甲尼撒王。

5. 东汉时期，丝绸之路始于这座城市。

6. 古老的奥拉玛球赛在这座城市举行。

7. 哲学、民主和科学都在这座城市诞生。

8. 这座城市作为伊斯兰倭马亚王朝哈里发的居住地近100年。

9. 这座城市消失了数百年，隐藏在秘鲁的安第斯山脉中。

10. 这座城市的名字在西班牙语中是"绿色台地"的意思。

11. 根据民间传说，这座城市是由一位公主和她的农民丈夫建造的。

12. 这座城市是由被称为"玄武岩"的黑色火山岩建造而成的。

13. 一座喷发的火山将整个城市淹没在了熔岩中。

14. 大流士大帝融合了大量不同的风格，建造了这座城市。

15. 这座城市充满了古老的佛教艺术形式和遗迹，被称为"没有围墙的博物馆"。

16. 维京人建造了这座色彩缤纷的小镇。

17. 传说有巨人在这座古老而巨大的堡垒中漫游。

18. 虽然这座城市位于埃及，但它是由希腊人、拜占庭人和罗马人统治的。

19. 这是欧洲不断被占领的城市中最古老的一座。

20. 这座城市有很多名字，包括君士坦丁堡和拜占庭。

21. 传说这座城市是由两个狼孩建立的。

1. 阿尔苏瓦尔 2. 瓦拉纳纳西 3. 马拉喀什 4. 巴比伦 5. 洛阳 6. 特诺奇蒂特兰 7. 雅典 8. 乌力卡 9. 马尔堡 10. 梅克内斯 11. 布拉格 12. 南乌岛 13. 庞贝 14. 波斯波利斯 15. 西安 16. 奥尔胡斯 17. 大津巴布韦 18. 亚历山大港 19. 雅典 20. 伊斯坦布尔 21. 罗马

57

注释:

1　传说中的古代以色列民族的圣物，内有上帝耶和华与以色列人订立的契约。

2　穆斯林指信仰伊斯兰教的人。

3　德尔斐是古希腊人祭祀天神的地方，古希腊人认为它是世界的中心。

4　清真寺是伊斯兰教教徒举行礼拜、宣教等宗教仪式活动的中心场所。

5　按照先后顺序分别是：东周、东汉、三国曹魏、西晋、北魏（孝文帝后）、隋（隋炀帝后）、唐（武则天后）、后梁和后唐。

6　即洛河以北。中国传统把河流的北面和山的南面称为"阳"，河流的南面和山的北面称为"阴"。

7　涅槃，佛教中指到达了超脱生死轮回的最高境界。

8　在伊斯兰世界中，哈里发意为"先知穆罕默德的继承人"，是伊斯兰世界的最高统治者。

9　中世纪中东突厥军事集团，是中世纪服务于阿拉伯哈里发的奴隶兵，主要效命于埃及的阿尤布王朝。随着哈里发的式微和阿尤布的解体，他们逐渐成为强大的军事统治集团。

10　在古代，科普特人原本泛指埃及人，随着公元后基督教传入埃及，"科普特"逐渐变成对当地信仰基督教的群体的指称。

11　1096—1291年，欧洲的几个基督教国家发动了共九次旨在夺取地中海东岸广大地区的战争。因为参与征战的人都佩有象征基督教的"十"字标记，故被称作"十字军"。

12　古代雅典人每四年举办一次这样的运动会，同时还会举行一些宗教和文化活动，以纪念雅典的守护神和智慧女神雅典娜。

13　罗塞塔石碑出土于埃及，和埃扎纳石碑一样都用三种不同的文字记述了同一段内容。

14　有一种说法认为，它最初的名称是"新犹太会堂"，后来因为当地建造了一座比它更新的犹太会堂，人们就改叫它"老新犹太会堂"了。

15　戈伦（Golem），犹太民间传说中由泥土而造、被赋予了生命的人形怪物。

16　拉比是犹太人群体中的精神领袖和宗教导师，他们对犹太教教义有着精深的研究。

17　这是一种用从海娜花（凤仙花）中提取的染料在人体上绘制美丽图案的艺术。